ENTRE MUROS Y PALABRAS

ENTRE MUROS Y PALABRAS

Federico Martínez Reyes

Segunda edición 2013

Diseño de portada e ilustraciones
Federico Martínez

Díaz de León 122-2
Aguascalientes, Aguascalientes
México CP 20000
libros@architecthum.edu.mx

ISBN 978-968-9470-00-7

Contenido

A mi hijo Guillermo con todo mi cariño

PRESENTACIÓN

Acercarse a la arquitectura a través de la escritura parece un tema poco tratable, sin embargo, cuando leemos novelas o cuentos siempre aparecen escenarios que ubican la trama en tiempo y en espacio. Los lugares, al ser descritos, aparecen poco a poco en nuestra imaginación a tal grado de recrear lugares vastos y palpables, tan ciertos en nuestra mente como inexistentes a nuestros ojos. La realidad se construye a partir de la imaginación.

Los escritos que se presentan en este libro responden al propósito de que los arquitectos dibujen con palabras y, aunque no siempre resultan en escenarios exactamente arquitectónicos (una casa, un edificio, etc.), sí son un desafío a la imaginación y a la cordura.

La primera parte es una colección de minificciones compuesta de varias series; la primera serie retrata, como una cámara instantánea, esos momentos que parecieran no tomar importancia en la vida cotidiana; la segunda serie traiciona a la misma ficción, retomando fragmentos de textos de reconocidos autores y reescribiéndolos. Los finales son inesperados. La tercera serie reúne temas de diversa índole y finalmente una serie de minificciones, que abordan el imaginario arquitectónico, cierran esta primera parte.

La segunda parte incluye relatos largos, textos lúdicos que juegan con los retratos y los sentidos.

Baste decir que la experiencia de escribir este libro resultó sumamente regocijante para que el lector atienda estas letras con ánimo alegre.

Finalmente quiero agradecer a la doctora María Elena Hernández y a la maestra Frida Rodríguez Gándara por su entusiasmo, trabajo y apoyo, sin ellas esta antología no existiría.

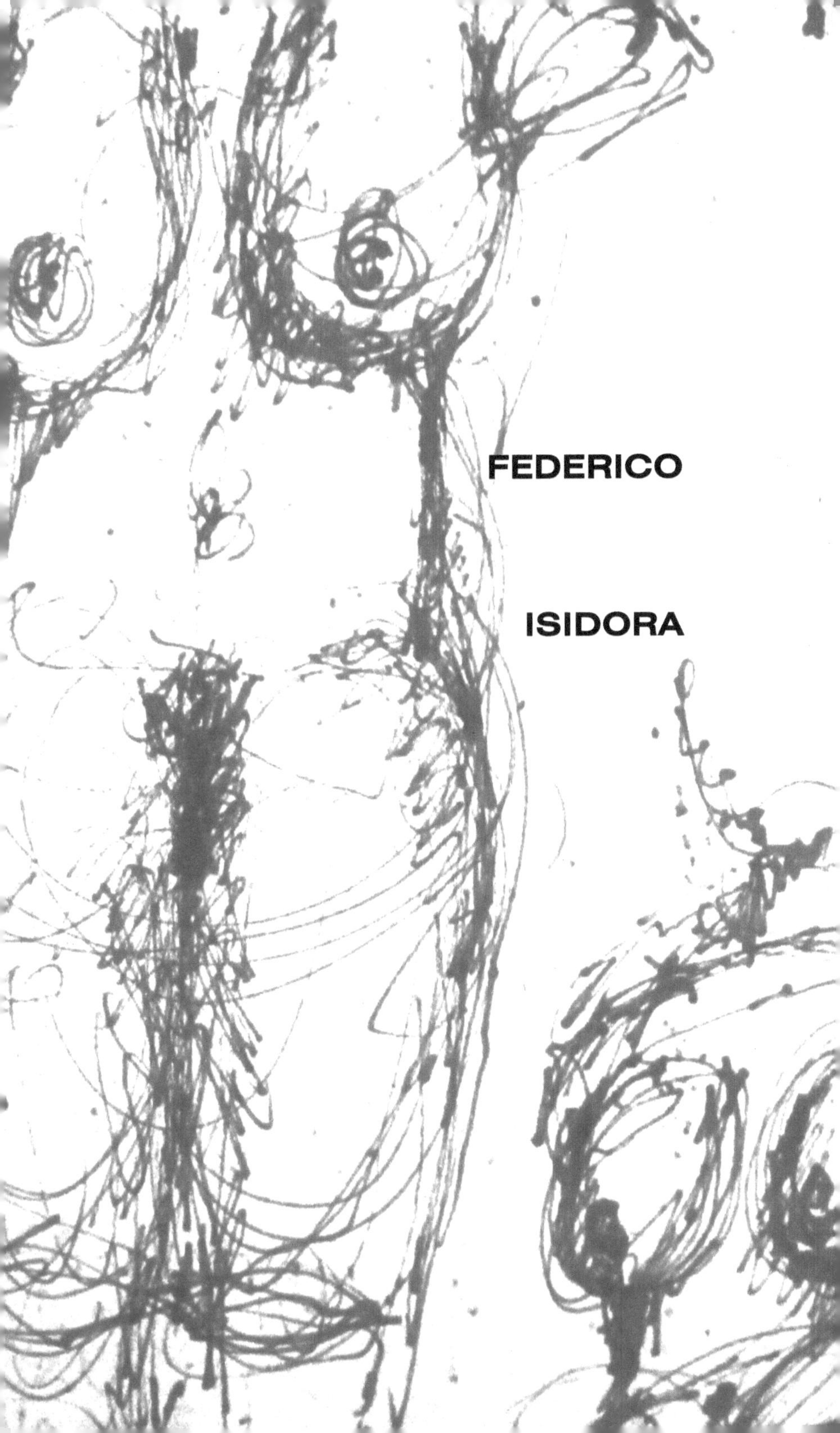
FEDERICO
ISIDORA

I

Federico abre los ojos. Ha comenzado a dibujar las siluetas y al despertar las mira, las redibuja, las comienza de nuevo. Sabe que los ojos no lo ven todo, que algo se le escapa, lo mismo que el agua no se captura en la mano. Por eso se esfuerza al máximo, intentando capturar lo invisible de esas siluetas que se mueven suave, pero decididamente, hacia el lienzo que se va llenando de tinta. Invariablemente, Federico termina por dormirse y las siluetas aprovechan ese breve instante para desprenderse del lienzo y buscar la vida que llevarán de ahora en adelante.

II

Federico abre la ventana y ante él aparecen una hilera de ventanas igualmente abiertas. No quiere darle importancia, pero esa sensación de estar siendo observado lo inquieta todo el día. Cerrarla, imposible. No habría manera alguna de que viera entonces lo que Federico hace mientras se siente observado.

III

El dedo índice de Federico es una maravilla: cada vez que Federico intenta leer algo que acaba de escribir, lo calla.

IV

Federico explora los valles y los cerros que hay delante de él. Los ha caminado durante años, pero su exploración nunca termina. Cuando era joven leyó que existen ciudades mágicas que llevan nombres de mujeres y cree poder encontrarlas en esos valles y cerros que todos los días explora.

Federico no sabe que camina sobre Isidora.

V

Federico viaja en metro para divertirse. Mientras más gente en las estaciones y más empujones reciba para subir a los atestados y sofocantes vagones, más se divierte, más sonríe. Toma una dirección u otra aleatoriamente y le encanta situarse cerca de las estaciones de trasbordo en donde la gente avanza arrolladoramente. De pronto Federico se ve envuelto en un torbellino de piernas y brazos y torsos y es cargado en vilo y arrastrado, como una ligerísima rama de árbol en un turbulento río, hasta la salida. Fuera del metro, triste porque se ha terminado su diversión, Federico reconoce el rumbo y camina por las apacibles banquetas y calles, con desgano, aburrido a más no poder, hasta llegar a su casa.

VI

Federico pone punto final a su último poema. Lo relee y se da cuenta que es demasiado poeta, demasiado. No es presunción, ha leído a grandes poetas pero hasta hoy nadie como él. Por eso decide romper el poema. Opacar a Neruda, a Sabines o a García Lorca, no es propio de poetas.

VII
Tango a ritmo de bolero

Cuando Federico se dispone a escribir un tango, Isidora llega dejando el aire con un olor a perfume de gardenias y ella, como gema preciosa, como divina rosa, preciosa de verdad, le asesta una reverenda bofetada y Federico, con una pena en el alma, decide escribir la historia de ese amor, la escribirá con sangre, con tinta sangre del corazón.

VIII
Cuestión de género

Federico, como muchos otros, pertenece al género humano. Isidora al poético.

IX
Ciclos

Isidora camina entre jardines llenos de árboles secos y blancos, junto a los árboles reverdecidos y los otoñales, al tiempo que esparce divertida con sus manos, las cuatro estaciones del año.

FICCIÓN VS FICCIÓN

I
Eupalinos

Escucha Fedro (seguía diciendo Eupalinos), ese pequeño templo que levanté para Hermes, a unos pasos de aquí, si supieras lo que es para mí. Ahí en donde el transeúnte no ve más que una elegante capilla –es poca cosa: cuatro columnas, un estilo muy sencillo– he puesto el recuerdo de un día claro de mi vida. ¡Oh dulce metamorfosis! Ese templo delicado, nadie lo sabe, es la imagen matemática de una hija de Corinto, que amé felizmente. Reproduce fielmente sus proporciones particulares ¡Vive para mí! Me devuelve lo que yo le di.

Eupalinos o el Arquitecto
Paul Valery

Pensar en sus edificios desde que Eupalinos compartía el lecho con su amada, resultaba siempre en la imagen de ella, delgada, frágil, indefensa. Con el tiempo esto que le resultaba romántico comenzó a desesperarle. Sus trazos eran dibujos amorfos cuyas siluetas se volvían cada vez más humanas, más dóciles, al tiempo que olvidaba la dureza de la piedra y la rigidez de las normas. Hasta que un día en vez de dibujar un templo la dibujó a ella, blanca como el mármol, y construyó un templo dedicado a Hermes.

Cuando el dios vio aquel templo cuya forma era distinta a todas las demás, bajó a la tierra agradecido y volvió al Olimpo con el templo en brazos.

Desde entonces a Eupalinos no le quedó más que ese templo de cuatro columnas, inmóvil, sobre la tierra.

II
Dédalo

El rey decide enviar lejos la mancha que avergüenza su casa: quiere encerrar al monstruo en una casa múltiple, donde ciegos y complejos pasillos se entrelacen. Un famoso constructor, Dédalo, es quien diseña y luego ejecuta este laberinto. Dédalo engaña al ojo con múltiples caminos que se bifurcan: te dejan sin punto de referencia.

La metamorfosis
Ovidio

Dédalo dibuja con ingenio el laborioso e intrincado laberinto que encerrará al Minotauro. Ha resuelto con maestría vericuetos y encrucijadas, y no hay manera de que alguien salga y mire el mismo muro por el que entró. Dédalo sigue dibujando, -las manos en la cabeza, los ojos en las líneas- imaginando con qué nostalgia y respeto pronunciarán todos, quizá ya lo pronuncien, su famoso nombre: "Dédalo, Dédalo" le llaman, y avanza despreocupado, seguro de conocer esos múltiples caminos que se bifurcan, esos ciegos pasillos que se entrelazan y mucho más tranquilo ahora que ha encontrado ese inconfundible punto de referencia, mitad hombre, mitad toro, que se lo zampa.

MINIFICCIÓN

Eternidad

Al fin, minutos antes de su muerte, San Bartolomeo no quiso que el secreto se perdiera y confesó: el templo era tres años más joven que Dios.

Haga como si estuviera en casa

No hay nada como prepararse unas palomitas de maíz, ponerse las pantuflas más cómodas y sentarse a mirar el futbol, en la primera fila de palcos, lejos de la porra oficial del equipo.

Lo más valioso

Esa noche antes de despedirse y después de haber perdido todas las manos de póquer, Leobardo justificó su derrota con el argumento de que su atención se había posado en la gran cantidad de antigüedades que adornaban la casa. Y mientras se despedía me preguntó cuál era la más costosa de todas.

Por supuesto que me negué a responder tal pregunta.

Finalmente Leobardo se fue y yo regresé a mi cuarto llevando conmigo, en la bolsa del pantalón, lo más valioso de todo: el par de canicas cascadas que le gané a Luis en el torneo de la cuadra, cuando tenía cinco años.

Desde entonces tengo todo lo que tengo.

Estatua

Sentada, seria e inmóvil, es remolcada por todas las calles sonriendo con timidez en todas las esquinas.

Desde que perdió a su Escultor es una estatua triste con la sonrisa tallada.

El gran tesoro

Mientras Adrián tamborilea con sus pequeñas manos sobre cuatro azulejos mal pegados a la pared de la cocina, recibe la tranquilizadora respuesta de su madre de que sí, que allí detrás esconde el Gran Tesoro.

Y Adrián se aleja sumamente feliz imaginando la cantidad de aromas que su mamá, vestida de pirata, guarda sigilosamente detrás de lo azulejos, cada vez que cocina.

El hombre que enseñó a los hombres cómo cantan los árboles

Conocido es que el idioma de los árboles resulta ininteligible para los hombres, sin embargo Roberto poseía uno de esos raros dones con que ciertos humanos nacen y podía entenderlo sin dificultad. Pero entenderlo y transmitirlo son dos cosas distintas y nuestro lenguaje para tal fin es inútil. Por lo tanto, para comunicar aquello que los árboles decían, Roberto tomaba el tronco de los árboles talados, tirados, muertos y tallaba en ellos un sonido nítido, claro al oído de los hombres.

Un día las manos de Roberto soltaron el cincel y lentamente se posaron, lánguidas, sobre su lecho de muerte. Ese día los hombres, asombrados, escucharon de todos los árboles cánticos de luto.

El pintor

Jean Baptista de la Coruña dibujó metódicamente todos los días su autorretrato. Con el tiempo, joven soberbio, seguro de su imborrable memoria y complacido por la exquisitez con que su mano lo retrataba, dejó de mirar su rostro y confió ciegamente en su habilidad de pintor.

Murió a los 99 años de edad con su piel aún tersa y lozana.

La ventaja de llamarse Ernesto

La ventaja más grande de todas, la única de Ernesto, es que ahora su nombre se halla delicadamente tallado en una lápida.

De forma poética

Cuando escribía, el resultado final era deforme, pero poético.

Desaparición

Ahora que el conejo ha desaparecido todos los astrónomos han confirmado que, efectivamente, la consistencia de la luna es de queso, alimento sumamente mortal para los conejos.

Grito

Un día levanté las manos al tiempo que gritaba y se enojaron los pájaros. Ese día la luna se quemaba y se cayó de pronto.

Los pájaros no entendieron el dolor del grito.

Antropofagia

Querido Beto:

Si puedes leer esta carta sabrás que ya estoy harta de ti, que haber probado tantas veces tu amor le ha quitado todo sabor a tus manos, a tu boca, a tu piel. Sin embargo, nunca olvidaré esas deliciosas tardes a tu lado, esas suculentas noches, esos dulces momentos que me diste. Pero todo eso se termina hoy, mi querido Beto, has dejado de ser ese hombre que tan pacientemente me complacía. No es que ya no me gustes, me gustas mucho, siempre me gustaste, pero mírate, Beto, mírate ya nada en ti es digerible.

Siempre tuya
Alicia

Diluvio

Cuando el diluvio, algunos entendieron mal el mensaje y, en vez de arcas, construyeron balsas, para que no se ahogaran, los animales.

ARQUIFICCIÓN

Columnas

Sólo Sansón supo derrotarlas.

Límites

Apenas llegaba a la última ciudad, se daba cuenta que más allá se alzaba otra. Y atrás de ésta otra. "El mundo no es infinito", se decía, "yo sé que existen límites". Y continuaba su andar, exasperada. Y cada nueva ciudad le parecía un sueño.

Y sí. Allá en su cuarto apenas un médico y su cama caben. Todos los que la visitan, al salir, tratan de averiguar qué sueña.

Mansión

Ese diminuto espacio, que Borges llamó Aleph, es mi casa.

Planificación

Las constantes travesías de Guillermo por el metro le alcanzaron para imaginar una ciudad que comenzó siendo calle, a la cual llamó Taquío. Su implacable crecimiento fue imparable. En su último intento por detener tan desmedida urbanización, bajó del metro dirigiéndose, indignado, al palacio de gobierno de Taquío en donde ya lo esperaban miles de personas con pancartas recriminándole la pésima planificación.

La ciudad

I

La ciudad recorre las penas de los peatones esperanzada en que nunca las olviden. Le basta tomar a dos o tres peatones con las mismas intenciones y lograr que resuelvan su anunciada muerte con poco menos que dos pasos, un auto o una vía de tren.

II

La ciudad, fría y calculadora, mira maquiavélicamente a sus próximas víctimas, aquellas que desentendidas viajan en su coche, lastimándola.

Los conductores ni siquiera saben qué bache los eliminó.

Apología del vacío

Si no se hubiera desatado la tormenta en el vaso que llevaba, ése en el que se quedó el vacío de tu mirada, hubiera caminado toda la tarde por las calles de Coyoacán, tratando de llenar el vaso, tu mirada y mi pensamiento.

Reincidencias citadinas

I

Después que Pedro le regalara a Rosita unas flores, y de que Rosita enfadada por el retraso de Pedro arremetiera a golpes contra él, ayudándose con las flores, y viéndose Pedro sin un arma igual, no le quedó otro recurso, al pobre y asustado Pedro, que defenderse a patadas.

II

Los mexicanos, en ocasiones, somos excesivamente corteses.

Verbigracia: cuando alguien viaja en camión y quiere bajar y alguien está estorbando la bajada, le dice: "Disculpe, buenas tardes, sería tan amable, por favor, de darme permiso de bajar. Gracias, Dios se lo pague".

Cuando en realidad deberíamos decir, sin ser descorteses: "Quítese que estorba, por favor".

RELATOS

AutoRetrato

Soy arquitecto por convicción tardía. De escasa barba y de mirada torva busco en cada dibujo la sensibilidad que dan los años abatidos. Admiro los siglos XVII y XVIII de Franconia, Roma y quizá Francia, pero aún me asombra más la arquitectura de esas épocas en México; sin embargo, más desearía haber nacido en aquellas épocas de la Grecia clásica cuya filosofía me atrapa y donde la arquitectura era práctica, de reglas simples y medibles. Busco que cada joven alma que se topa conmigo en las aulas de la academia se arrepienta de seguir su camino en esta carrera, o que al menos reflexione sobre su futura vida como arquitecto, y después se arrepienta de seguir su camino en esta carrera. Arquitecto por indecisión temprana creo en la poesía y después dudo de todo. Cada que me enfrento a un proyecto tengo la sensación de querer huir, pero ya que soy arquitecto me lleno de valor y afilo mi lápiz, aviento la goma y comienzo a trabajar. Arquitecto por inercia, me gusta mirar en la ciudad los escenarios y a las personas repetir sus libretos. Cuando me canso de ser este que soy me refugio en la música y en la poesía, bebo una copa de vino tinto y bajo del Olimpo como simple mortal.

Retrato de Martín Castellanos

Aunque muy poco conocido, Martín Castellanos fue uno de los más destacados personajes en el campo de la arquitectura del siglo XIX. Hombre de muchas y grandes palabras, dejaba a un lado sus dibujos para convencer con elocuentes argumentos, táctica que le ocasionó varios problemas y que, sin embargo, sería una actitud recurrente en varios de los sumamente famosos arquitectos de nuestra época, como Le Corbusier, por citar un ejemplo, quien, aunque nunca lo menciona, seguramente conoció a tan ilustre personaje.

Hombre carismático, fue conocido como el primero en interesarse en la arquitectura orgánica "cuyas suaves curvas de los muros hablan de la sensualidad y frescura con que los arquitectos cargan de expresividad y belleza las construcciones, repartiendo alegría a nuestras grises y malhumoradas vidas" . De la misma manera fue más allá del racionalismo funcionalista que tanto publicitaría más adelante a Mies van der Rohe.

¿A quién no le hubiera gustado habitar sus imaginarios invisibles llenos de tanta luz, color y movimiento? Después de consultarlo, Castellanos se dio cuenta que a nadie, pero eso nunca le importó, sin embargo jamás cejó en su incansable búsqueda de una arquitectura cuya calidad superara en todo a cualquiera y fue un valiente defensor de la habitabilidad y el espacio confortable.

Dentro de su legado se encuentran una gran cantidad de escritos teóricos, (siempre advertía "soy teórico, no práctico") que han causado gran polémica por lo confuso de sus postulados, tanto que la mayoría de sus más acérrimos defensores optaron por olvidarlo.

La única imagen que ha llegado a nuestros días, es hablada: Martín Castellanos, célebre ser humano que nunca fue arquitecto.

En cualquier lugar, no

Debería estar todo en silencio, pero no, hay una romería. Debería sentirme solo, sin nadie a mi alrededor, pero me siento invadido. Unas carcajadas me desconcentran y no hay manera de prestar atención a esto por mucho tiempo. Así que pienso: "me voy a mover, en dos minutos más me voy de aquí". Hace cinco minutos de eso y aquí sigo. Alguien se sienta junto a mí y me incomoda, que se busque otro lugar, otra silla. Pero se nota pensativa y triste, así que le sonrío suavemente. Hace frío, entra aire por las ventilas y hace frío. Afuera juegan y se comportan como si este lugar no fuera serio. Allá arriba gritan de nuevo. No me concentro, no puedo, que se callen, según leo es tiempo de luto. No debería quedarme aquí, debería levantarme, comer algo, estirar las piernas. No pensar. Miro el reloj, de nuevo pongo límites, de nuevo los rompo. El silencio es imposible, cuando logran callarse alguien respira, otro carraspea, otro bosteza. Para romper el tedio que se me impone, enciendo la música de mi computadora personal, apenas la oigo yo, pero logra opacar los ruidos de más allá. No sé si quiero irme, sólo quiero acabar con esto, y luego quedarme sentado, sin hacer nada, sin escuchar a nadie, hasta que todos se vayan, para que nadie me moleste mientras hago nada, y decir "en dos minutos me voy" y poder irme. Eso es lo que quiero hacer, levantarme en dos minutos e irme, porque nadie respeta el "Favor de guardar silencio" de esta biblioteca mientras leo Cuatro bodas y un funeral.

Eva

I

El invierno dejaba sus manos sobre mi cama. No había lugar para esconderse. La risa abandonaba el rostro y sólo ella era capaz de decirme, tan tranquilamente, que nunca había dicho primavera. Y el calor se sentía en todas partes. El calor del invierno sobre las mejillas, el frío viento encima de ese sol que calentaba mis manos mientras escribía encaramado en la azotea. Repetía las letras de ardientes canciones que cantaban a sus gélidas palabras, a sus calculados movimientos femeninos, a sus tácticas largamente acariciadas durante todo diciembre.

Mi piel recuerda cada invierno, cuando la luz toca apenas las ventanas y afuera se respira ese hedor de abandono, ese despecho hirviente y aparecen, en los vientos helados de la tarde, las cálidas manos de Eva.

II

Escuchaba cada canto, cuyo cuento contaba cada historia carcelaria de mi corazón que caducaba. Contaba las horas del reloj que, a cuenta gotas, tic-tac, tic-tac, tic-tac. Y yo callaba. Acurrucado en las notas que caían cual collares arrancados bruscamente, rogaba al cielo despejado que quisiera regresarme a esos días, que callados recordaba. Silenciosos. Impasibles.

Pero a cada petición contestaba a mis palabras con más cantos, con susurros que corrían melodiosos por el parque, en el trasporte, hasta el hastío, hasta su casa, hasta su cuarto, hasta la sala, hasta el momento de ese día en que la música culpable, y qué, cada quién sabe qué quiere, menos ella, que ahora calla.

III

Eran rápidos. Los movimientos. Debían serlos. Todo calculadamente espontáneo. Una vuelta. Otra. Los ojos que se tocan. Las manos separadas tan de pronto. Juntas y de nuevo separadas. El roce involuntario. El rubor, el sudor, el paso rítmico. La cumbia pegada a su cintura, a sus labios lejanos, a sus hombros. Apresurar el paso y al primer compás la mano arriba, suavemente, tan suavemente, para indicarle el sitio, para que sepa cómo, en el siguiente "oye, abre los ojos", la vuelta empieza, la doble vuelta, y luego inmóvil, mientras la miro, mientras su brazo sobre mi espalda sigue el impulso, mientras sus muslos repiten "abre los ojos, mira hacia arriba", y sus tobillos, tan llenos de danzón, tan azules, lentos marcan el tiempo del descanso, el vaivén del abanico.

Quédate Eva, aquí no hay nada sino nosotros, exhaustos. Quédate, no te vayas, estamos listos para el tango.

www.ingramcontent.com/pod-product-compliance
Lightning Source LLC
LaVergne TN
LVHW090618110826
845146LV00001B/444

9789689470007